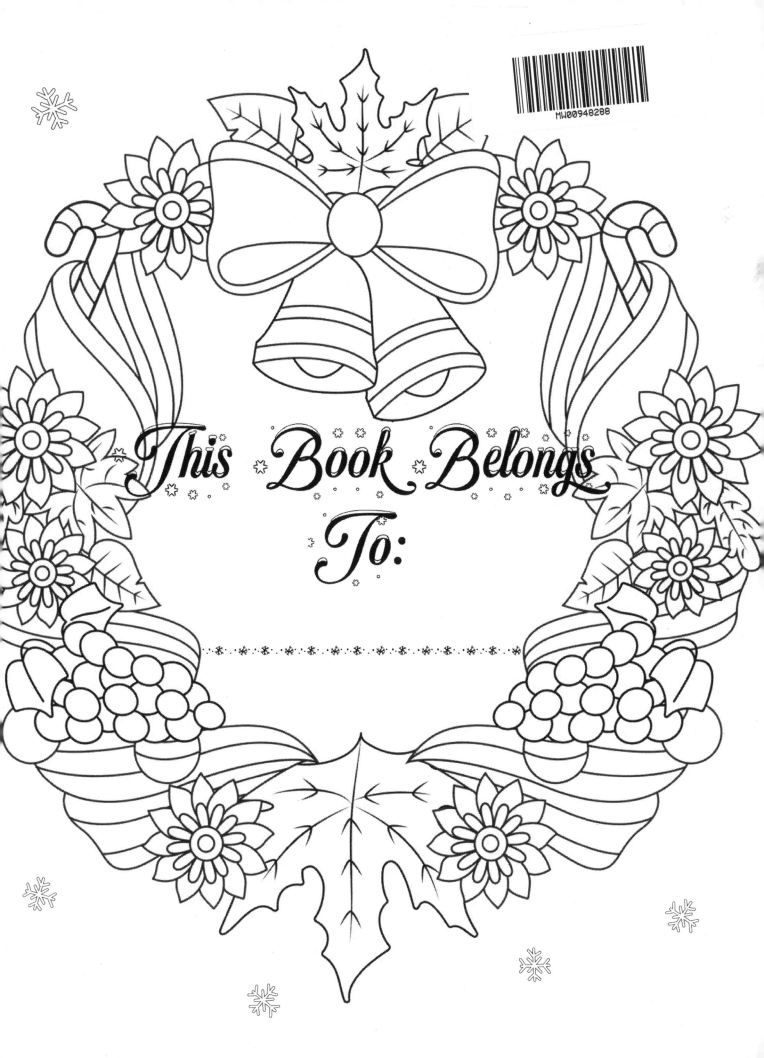

This Book Belongs To:

Thank you!

We hope you enjoyed your purchase.
If so, please take a moment to leave it as a
REVIEW, it would really help us a lot to
improve the work. We don´t exist
without you!

THANKS FOR YOUR AMAZING SUPPORT!

If you have any problems, or
queries with your book please email
us at:

@ info.ariluck@gmail.com

Joy AriLuck

Joy Ari Luck

Joy AriLuck

Joy Ari Luck

Joy Ari Luck

Joy Ari Luck

Joy Ari Luck

Joy AriLuck

Joy Ari Luck

Joy Ari Luck

Joy Ari Luck

Joy Ari Luck

Joy Ari Luck

Joy Ari Luck

Joy AriLuck

CHRISTMAS MEMORIES

Joy Ari Luck

Joy Ari Luck

Joy Ari Luck

Joy Ari Luck

Joy Ari Luck

Joy Ari Luck

Joy Ari Luck

Joy AriLuck

Joy Ari Luck

Joy Ari Luck

Joy AriLuck

Joy AriLuck

Joy AriLuck

Joy AriLuck

Joy AriLuck

Joy AriLuck

Joy AriLuck

Joy AriLuck

Joy AriLuck

Joy AriLuck

Joy AriLuck

Joy AriLuck

Joy AriLuck

Joy AriLuck

Joy AriLuck

Joy AriLuck

Joy AriLuck

Joy AriLuck

Joy Ari Luck

Joy AriLuck

Joy Ari Luck

Joy AriLuck

Joy Ari Luck

Joy AriLuck

Joy AriLuck

Made in United States
Orlando, FL
06 November 2022

24282014R10057